Das Fest der Tiere

Für Aurelie

Boje-Verlag Stuttgart

Das Fest der Tiere

Brian Wildsmith · Deutsch von James Krüss

Python, die Schlange, litt im tiefen Dschungel Hunger. Obwohl sie Tag für Tag auf Jagd gewesen war, hatte sie keine Beute erwischt; denn alle Tiere versteckten sich vor ihr. Nach einer Woche ersann sie daher eine List.

Sie schlängelte sich auf einen hohen Baum hinauf und rief mit lauter Stimme: »Freunde, ich weiß, ihr verbergt euch vor mir; aber habt keine Angst. Ich verspreche euch, von jetzt an nett zu euch zu sein. Und um euch zu beweisen, daß ich es ehrlich meine, lade ich euch alle zu einer Party ein.«

Einige Tiere näherten sich dem Baum – aber allen war kribblig zumute, und alle standen fluchtbereit, falls Python vom Baum herunterkommen sollte.

Zebra und Papagei murmelten, sie glaubten nicht daran, daß Python überhaupt nett sein könne. Aber Python hörte, was sie murmelten und rief von oben: »Ehrenwort, Freunde, ich verspreche euch, mich nett und höflich zu benehmen. Jeder soll sich auf meiner Party sicher fühlen.«

Ziege und Fuchs waren der Meinung, man könne ihr glauben. Nebenbei hatten die beiden Partys sehr gern. So überredeten sie die anderen

Tiere, die Einladung anzunehmen, und alle taten es am Ende auch. Da glitt Python blitzesschnell vom Baum herunter. Sie hatte den Kopf voller Einfälle für ihre Party. »Laßt uns einen Wettbewerb veranstalten«, rief sie. »Laßt uns herausfinden, wer von uns die schwierigsten Kunststücke machen kann.«

»Dann«, krächzte Papagei, »spiel' ich den Ausrufer und kündige jedes Kunststück an.«

Nun ließen die Tiere sich auf dem Boden nieder und überlegten angestrengt, welches Kunststück sie vorführen könnten. Hatte ein Tier einen Einfall, kam Papagei zu ihm und ließ sich ins Ohr flüstern, um welches Kunststück es sich handelte.
Dann begann die Party. Papagei verkündete:

»Das erste Kunststück wird von Gnu und zwei Dschungel-Hühnern
unter Mitwirkung von Chamäleon vorgeführt.«
Die Zuschauer guckten, staunten und riefen: »Nicht schlecht, nicht
schlecht.« Und sie trampelten, so laut sie konnten.

»Und nun«, rief Papagei, »kommt eine Meisterleistung, wie sie der Dschungel noch nicht gesehen hat. Die weltberühmte Hyäne wird sich auf zwei runden Melonen zwanzig Meter weit fortbewegen.« Die Zuschauer waren beeindruckt. Sie hielten den Atem an, als Hyäne an ihnen vorbeischwankte.

»Das ist Klasse«, riefen die Tiere, »das ist kaum zu überbieten.«

»Und hier, Freunde, ein Kunststück voller Kraft und voll Balance. Niemand anders als Gefleckter Leopard und vier Affen führen es uns vor.«

»Oho«, sagten die Zuschauer, »die Vorführungen werden immer besser.«

»Jetzt aber«, rief Papagei, »Ruhe für den Löwen, den großen Herrn.«
Löwe, der sich hinter einigen Büschen mit Schlammflecken betupft
hatte, trat stolz vor die Zuschauer hin und guckte alle gespannt an.
»Dreimal dürft ihr raten, wer ich bin«, sagte er.
»Ein Löwe, der Leopard spielt?«
»Nein«, knurrte der Löwe.

»Ein gefleckter Seppl?«
Löwe machte ein ratloses Gesicht und schüttelte den Kopf. Nie in seinem Leben hatte er etwas von einem gefleckten Seppl gehört.
»Dann bist du ein Löwe mit Windpocken«, rief ein kleines Guinea-Huhn.
Löwe lachte und röhrte: »Ich bin ein Löwe mit Masern.«

Papagei schien es, als seien die Zuschauer
ein bißchen verärgert über den Löwen. Deshalb rief er schnell: »Es folgt jetzt eine Dop-
pelvorführung. Fuchs und Ginsterkatze
wollen uns damit unterhalten.«
Gleich wurde die Stimmung der Zuschauer
wieder besser. »Bravo, bravo!« riefen sie.

Was Zebra vorführen wollte, hatte Papagei vergessen. Aber Zebra wartete gar nicht erst ab, bis es angesagt war. Es fing gleich an mit seiner Nummer. Es balancierte Kokosnüsse auf seinen Hinterhufen, kickte sie hoch hinauf in die Luft und zertrampelte sie, als sie herunterfielen, in kleine Stücke.

»Ausgezeichnet!« riefen die Zuschauer und scharrten aufgeregt mit sämtlichen Hufen.

Papagei war fast so aufgeregt wie die Zuschauer. Deshalb versprach er sich bei der Ankündigung der letzten Nummer. Er rief: »Unser schön gefiederter Freund Pelikan will versuchen, so viele schön gefiederte Freunde wie möglich – ich meine, so viel Freunde wie möglich, ob mit, ob ohne Federn – in seinem Schnabel unterzubringen.«

Pelikan hatte vorher schon mit einigen Tieren ausgemacht, daß sie zu ihm kommen sollten. Nun eilten sie zu ihm und kletterten in seinen geräumigen Schnabelsack.

»Wahrhaftig«, hauchte voll Bewunderung der Rest der Tiere, »das ist kaum zu überbieten.«

Da streckte Python sich und lächelte. »Ich frage mich«, sagte sie bescheiden, »ob das nicht doch zu überbieten ist. Ich glaube nämlich, in mein Maul passen noch mehr Tiere hinein als in Pelikans Schnabel.« Alle waren viel zu aufgekratzt, als daß sie jetzt an Vorsicht gedacht hätten. »Ausprobieren!« riefen sie. »Ausprobieren!«

Da öffnete Python weit ihren Rachen, und alle Tiere kletterten nacheinander hinein. Aber bald schon stellten einige von ihnen fest, daß es in Pythons Bauch nicht sehr angenehm war. Von einem Schlangenende bis zum anderen riefen sie: »O.k., Python, du hast gewonnen. Aber es ist sehr dunkel hier. Jetzt möchten wir wieder raus.«

Da schloß Python – schnapp – ihr Maul und zischte: »Tut mir leid, aber jetzt, da ich euch im Bauche habe, will ich euch auch im Bauche behalten. Ich habe lange genug Hunger gelitten.«

Als die Tiere merkten, daß sie überlistet worden waren, begannen sie zu schreien und zu pumpern; aber Python störte das nicht. Sie streckte sich behaglich aus, um ein Nickerchen zu machen.

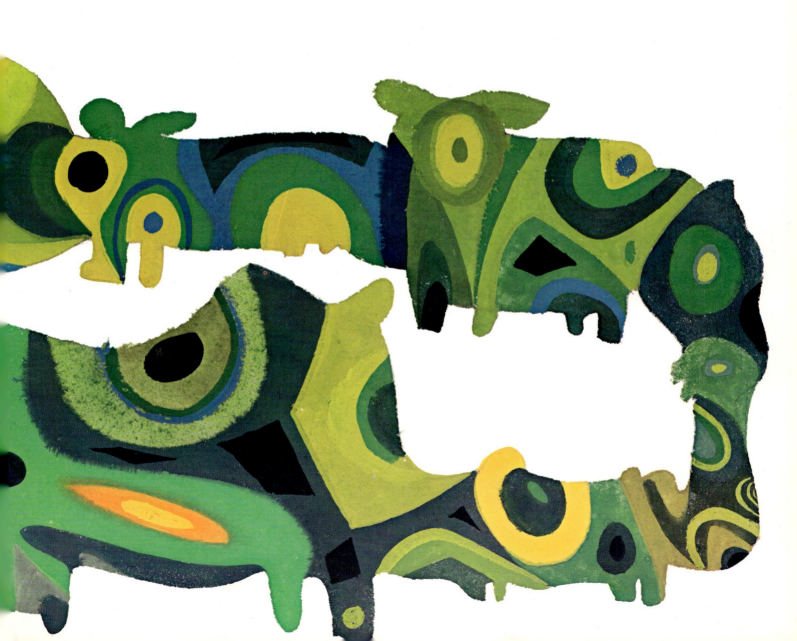

Kaum aber war sie eingenickt, als Elefant vorüberkam und das Schreien hörte, das aus dem Leib der Schlange kam. Neugierig tappte er näher, um herauszufinden, was da los war. Da merkten die Tiere im Bauch am schweren Tritt, daß es Elefant war, der da kam. Mit halberstickten Stimmen riefen sie: »Elefant, Python hat uns überlistet. Wir sind in ihrem Bauch eingeschlossen und können nicht mehr raus.«

Elefant verschwendete kein Wort über die Angelegenheit. Statt dessen hob er einen Fuß und rammte ihn schwer auf Pythons Schwanz. Voller Entsetzen wachte Python auf und öffnete vor Schmerzen weit ihr Maul.

Sogleich drängten sich die Tiere, so schnell
sie konnten, ins Freie, und Elefant blieb fest

auf Pythons Schwanz stehen, bis das letzte
Tier herausspaziert war.

»Das war ein sehr schmutziger Trick, Python«, sagten die Tiere. Und dann machten sie, von Elefant bewacht, einen Knoten in Pythons Schlangenleib.
»Der Knoten soll dich daran erinnern«, sagten sie, »so etwas niemals wieder zu tun.«
»Und euch«, sagte Elefant zu den anderen Tieren, »soll der Knoten daran erinnern, daß man mit Python nicht spielt, auch nicht, wenn sie eine Party gibt.«
Aber die Tiere sagten, sie brauchten keinen Knoten. Sie würden sich immer daran erinnern, daß es gefährlich ist, wenn Python eine Dschungel-Party gibt.

Titel der Originalausgabe: Python's Party · Erschienen bei Oxford University Press · © Brian Wildsmith 1974
Erste Auflage 1976 · Deutschsprachige Rechte: Boje-Verlag, Stuttgart · Printed in Holland · ISBN 3 414 10740 6